Stories in French for Kids

Read Aloud and Bedtime Stories for Children

Bilingual Book 1

Table of Contents

Introduction

Short stories for children offer excellent opportunities to improve reading and listening skills. Especially when the short stories are exciting, entertaining and educational at the same time, there is hardly a better learning and leisure activity for young children. The stories in this book are written specifically for children in these age groups, allowing children to improve their French through play and reading and listening. The vocabulary of the stories is typical for the age and the themes are adapted to both French and Anglo-Saxon culture. Each French story is followed by an accurate English translation.

The book is designed in such a way that the children can take something out of each story and learn, even childish humor can be found in most of the stories. All stories are suitable to be read aloud, the first stories can also be used as bedtime stories.

Part 1

French Short Stories for Kids

Age 4 – 8

La Petite Abeille

The Little Bee

Il était une fois une petite abeille qui s'appelait Claire.

Claire était une abeille rapide et occupée. Comme c'était le
printemps et que les fleurs jaillissaient de l'herbe verte, la petite
abeille était très occupée. Elle devait voler de fleur en fleur et
récolter le fin nectar.

Ce nectar est ensuite transformé en délicieux miel.

Un jour, c'était une belle matinée de printemps, Caire a de
nouveau sifflé dans les airs. Elle a apprécié le beau temps et le
parfum des fleurs. Elle a chanté: "…Toutes les fleurs sont déjà
là!"

Puis soudain, alors qu'elle s'apprêtait à voler vers un magnifique
champ de fleurs coloré et luxuriant, elle a vu d'en haut un petit
garçon piétiner toutes les fleurs. Il en a même déraciné certains
et les a jetés à terre puis les a piétinés. En fait, le garçon a couru

dans le champ et a tout piétiné sur le sol et détruit les belles

fleurs.

Quand la petite abeille Claire a vu cela, elle s'est sentie blessée.

Elle ne pouvait pas croire ce qu'elle voyait. Les belles fleurs

avaient été piétinées partout!

Elle devait faire quelque chose immédiatement. Elle vola droit

vers le garçon, puis bourdonna autour de sa tête.

Le garçon agita les mains. "Va-t-en, espèce d'insecte stupide",

dit-il d'un ton grincheux."

Mais la petite abeille Claire n'y a même pas pensé, au lieu de

cela, elle a volé directement sur le nez du garçon.

Elle le regarda droit dans les yeux. «Pourquoi piétinez-vous les

belles fleurs", Claire lui a demandé aussi fort qu'elle le pouvait.

"Ne sais-tu pas que ces petites fleurs sont très importantes pour

la nature et pour nous les abeilles? Es-tu un garçon si stupide?"

Le garçon fut surpris et roula des yeux. "Pourquoi important? Ce ne sont que des fleurs", a-t-il déclaré.

"Ne savez-vous pas d'où vient le miel des fleurs", a demandé l'abeille.

"Depuis le supermarché, bien sûr," dit le garçon. Il était tout à fait sûr de lui.

Maintenant, l'abeille Claire devait sourire un peu.

"Allez, assieds-toi dans l'herbe et je t'explique", a-t-elle dit

Le garçon s'assit sur l'herbe et Claire vola avec un léger balancement sur un reste de fleur qui sortait de l'herbe piétinée juste devant le garçon.

Claire expliqua alors au garçon comment les abeilles sucent le nectar des fleurs. De plus, les abeilles ajoutent leur propre jus au nectar, et à la maison, les abeilles mettent le nectar dans des nids d'abeilles. Il y restera un moment pour mûrir

Puis le fermier vient, sort le rayon de miel et jette le miel. Il le

fait avec une machine. Et ensuite, il peut mettre le miel dans des

bocaux, et seulement après cela, il sera emmené au magasin ou

au supermarché où vous pourrez l'acheter.

Le garçon baissa les yeux quand Claire termina l'histoire. Il ne

se sentait pas particulièrement bien.

"Alors ce ne sont pas du tout des fleurs stupides," murmura-t-il."

"Ce ne sont certainement pas des fleurs stupides", a déclaré

l'abeille. "Au contraire, ce sont des fleurs utiles. Pour les gens et

pour nous les abeilles. Nous mangeons aussi le nectar. Si nous

n'en avions pas, nous mourrions de faim. Ce sont donc toutes de

très bonnes fleurs."

"Et maintenant je les ai détruits?", demanda doucement le

garçon.

Bien sûr, la petite abeille Claire avait déjà pensé à une idée, car elle était aussi une abeille intelligente.

"J'ai besoin que vous fassiez quelque chose. Gardez toujours les yeux ouverts et si vous voyez quelqu'un piétiner ou casser des fleurs, allez vers cette personne et racontez l'histoire des abeilles et du miel. Maintenant, vous savez pourquoi les fleurs sont importantes."

"Oui, je fais ça!"

"Es-tu sûr?"

"Oui, je protégerai les fleurs."

"Bravo", a applaudi la petite abeille, et a décollé dans les airs, a de nouveau volé autour de la tête du garçon, puis elle est partie.

Parce que la petite abeille Claire était aussi une abeille très occupée.

Le petit garçon est resté immobile pendant un moment et a

regardé le ciel. Puis il fit signe: "Au revoir petite abeille

intelligente."

The Little Bee

Once upon a time there was a little bee, and her name was Claire.

Claire was a fast and busy bee. Since it was spring and the flowers were shooting out of the green grass, the little bee was very busy. She had to fly from flower to flower and collect the fine nectar.

This nectar is later turned into delicious honey.

One day, it was a beautiful spring morning, Caire whizzed through the air again. She enjoyed the beautiful weather and the scent of the flowers. She sang: "all the flowers are already here... !"

Then suddenly, as she was about to fly towards a beautiful, colorful and lush field of flowers, she saw from above a little boy trampling on all the flowers. He even uprooted some and threw them to the ground and then trampled on them. Actually the boy ran into the field and trampled everything onto the ground and destroyed the beautiful flowers.

When the little bee Claire saw this, she felt hurt. She couldn't believe what she saw. The beautiful flowers had been trampled all over the place!

She had to do something immediately. She flew straight to the boy, then buzzed around his head.

The boy waved his hands. "Go away you stupid insect", he said grumpily.

But little bee Claire didn't even think about it, instead she flew directly on the boy's nose:

She looked him straight in the eyes. "Why are you trampling on the beautiful flowers?" Claire asked him as loudly as she could. "Don't you know that these little flowers are very important for the nature and for us bees? Are you such a stupid boy?

The boy was taken aback and rolled his eyes. "Why important? Those are just flowers", he said.

"Don't you know where the honey comes from flowers", the bee asked.

"From the supermarket, of course," the boy said. He was quite sure of himself.

Now the bee Claire had to smile a little.

"Come on, sit down on the grass and I'll explain", she said

The boy sat down on the grass and Claire flew with a slight swing onto a leftover flower that was sticking out of the trampled grass right in front of the boy.

Claire now explained to the boy how the bees suck the nectar out of the flowers. Also the bees add their own juices to the nectar, and at home the bees put the nectar in honeycombs. There it will stay for a while to mature

Then the farmer comes, takes out the honeycomb and throws out the honey. He does that with a machine. And then he can put the honey in jars, and only after that it will be taken to the store or supermarket where you can buy it.

The boy looked down when Claire finished the story. He didn't feel particularly well.

"Then these aren't stupid flowers at all," he murmured.

"These are definitely not stupid flowers," said the bee . "On the contrary, these are useful flowers. For the people and for us bees. We also eat the nectar. If we didn't have it, we would starve. So these are all very good flowers."

"And now I've destroyed them?", the boy asked quietly.

Of course, the little bee Claire had already thought about an idea, because she was also a clever bee.

"I need you to do something. Always keep your eyes open and if you see someone trampling or breaking flowers, you go to this

person, and tell the story about the bees and the honey. Now you know why flowers are important."

"Yes, I do that!"

"Are you sure?"

"Yes, I will protect the flowers."

"Bravo", clapped the little bee, and took off into the air, flew around the boy's head again, and then she was gone. Because the little bee Claire was also a very busy bee.

The little boy stood still stood there for a while and looked at the sky. Then he waved: "Bye, bye you little clever bee."

Le Renard et ses Amis

The Fox and his Friends

Il était une fois un petit renard qui vivait avec sa famille au milieu d'une grande forêt. Bien sûr, de nombreux autres animaux y vivaient également. Il y avait des hérissons, des sangliers, des hiboux, des cerfs et d'autres animaux. Derrière la forêt se trouvait un pré avec des vaches. Frenchy le petit renard avait beaucoup d'amis. Non seulement il jouait avec ses frères et sœurs, mais il était également ami avec Pascal le hérisson et Mimi le sanglier.

L'été était sa saison préférée. Il faisait beau, il y avait de quoi manger et il pouvait se baigner dans le petit étang devant la prairie. Frenchy a vraiment apprécié. Parfois, quand il pouvait rassembler tout son courage, il courait vite entre les vaches. Un peu derrière le pré vit une de ses amies - Elsa la poule. Mais malheureusement, Elsa n'est jamais autorisée à sortir pour jouer.

Elle vit derrière une haute clôture et Frenchy lui raconte toujours les meilleures histoires.

En hiver, il fait aussi beau dans la forêt. Les amis peuvent rechercher des pistes et se cacher dans la neige. Et si le gel est vraiment fort, ils patineront sur l'étang gelé. Cela a toujours l'air très amusant car Frenchy peut effectuer de nombreuses figures sur la glace. Bien sûr, il va aussi rendre visite à sa petite amie Elsa en hiver. En hiver, il n'a pas à courir à travers le pré, car les vaches sont toutes dans la grange car il fait beaucoup trop froid pour elles dehors.

Un de ces jours d'hiver, Frenchy était assis sur une grosse souche d'arbre couverte de neige avec son frère Loui et sa sœur Lola. Ils ont dessiné des choses dans la neige et Lola a construit un bonhomme de neige. Soudain, Frenchy leva les yeux. "Tu entends ça?"

Maintenant, ses frères et sœurs ont également pris conscience de ce son. Frenchy tourna la tête pour pointer son oreille dans la bonne direction. Là - encore. Louis haussa les épaules, mais Lola demanda : "C'est Elsa?"

Soudain, un caquetage fort et excité se fit entendre.

Tous les trois ont couru. Le petit renard n'avait jamais traversé le pré aussi vite de toute sa vie. Il a couru et couru. A bout de souffle, il s'arrêta devant la haute clôture. Derrière eux, Elsa battit des ailes sauvagement. Elle gloussa bruyamment et fit les cent pas comme si elle avait peur de quelque chose. Et puis ils l'ont vu. Un étrange renard était en train de trafiquer la clôture.

"Hey vous". Frenchy a crié. "Tu ferais mieux de sortir d'ici et de laisser ma petite amie tranquille."

"Sortez d'ici," cria Lola. Avec ses frères et sœurs et avec tout son courage, le petit renard a sauvé la vie du poulet. Ce fut le début d'une véritable amitié.

The Fox and his Friends

Once upon a time there was a little fox who lived with his family in the middle of a big forest. Of course, many other animals also lived there. There were hedgehogs, wild boars, owls, deer, beetles and other animals. Behind the forest was a meadow with cows. Frenchy the little fox had many friends. He not only played with his siblings, but was also friends with Pascal the hedgehog and Mimi the wild boar.

Summer was his favorite season. It was nice, there was enough to eat and he could swim in the little pond in front of the meadow. Frenchy really enjoyed it. Sometimes, when he could gather all his courage, he would run quickly between the cows. A bit behind the meadow lives a friend of his - Elsa the chicken. But unfortunately, Elsa is never allowed to come out to play. She lives behind a high fence and Frenchy always tells her the best stories.

In winter it is also nice in the forest. The friends can search for tracks and hide in the snow. And if the frost is really strong they'd skate on the frozen pond. This always looks very funny because Frenchy can perform many tricks on the ice. Of course he also goes to visit his girlfriend Elsa in winter. In winter he doesn't have to run across the meadow, because the cows are all in the barn because it's much too cold for them outside.

On one such winter day, Frenchy was sitting on a big snow-covered tree stump with his brother Loui and sister Lola. They drew things in the snow and Lola built a snowman. Suddenly Frenchy looked up. "Can you hear that?"

Now his siblings also became aware of that sound. Frenchy turned his head to point his ear in the right direction. There - again. Louis shrugged, but Lola asked: "Is that Elsa?"

Suddenly, a loud and excited cackle was heard.

All three ran. The little fox had never run across the meadow so fast in his entire life. He ran and ran. Breathless, he stopped in front of the high fence. Behind them, Elsa flapped her wings wildly. She cackled loudly and paced back and forth like she was afraid of something. And then they saw it. A strange fox was actually tampering with the fence.

"Hey you". Frenchy shouted. "You better get out of here and leave my girlfriend alone."

"Get out of here," Lola shouted. Together with his siblings and with all his courage, the little fox saved the chicken's life. That was the beginning of a true friendship.

Oeufs de Pâques

Easter Eggs

Le professeur de la classe de Rosa a caché beaucoup d'œufs à l'extérieur pour la deuxième année. Celui qui trouve le plus d'œufs reçoit une surprise spéciale pour Pâques, a déclaré Monsieur Delon.

Rosa est excitée. Elle est à la recherche des œufs avec ses amis Antoni, Pierre et Luisa. Mais malheureusement, ils n'en ont pas trouvé plus de deux jusqu'à présent.

"On ne gagne pas comme ça!" Rosa s'énerve et désigne les autres camarades de classe. Certains ont déjà quatre œufs ou plus dans leurs paniers.

"Ce n'est pas grave", dit Pierre avec bonhomie. "Les œufs n'ont en fait rien de commun avec Pâques."

"Je sais. Mais je veux toujours gagner."

Rosa garde les yeux au sol, considérant les paroles de Pierre. Il a

raison. À Pâques, ils célèbrent la résurrection de Jésus-Christ,

mort pour leurs péchés. Rosa a soudain une idée.

Elle dit: "A Pâques, il ne faut pas regarder vers le sol, mais vers

le ciel."

Pierre commence à parler des traditions de Pâques, mais Rosa

n'écoute pas. "C'est ça", dit-elle. "Les œufs pourraient être

cachés là-haut dans l'arbre!"

Elle lève les yeux et voit quelque chose de coloré clignoter sur

les branches à quelques mètres au-dessus du sol.

Une minute plus tard, elle est déjà montée sur la branche avec

un panier à la main. Elle trouve cinq œufs colorés! Elle a donc

définitivement gagné le jeu de la recherche.

Ses camarades de classe la regardent avec étonnement.

Monsieur Delon sourit.

"Salut à vous tous !" crie Rosa. "Vous devriez regarder vers le haut au lieu de regarder vers le bas. Surtout à Pâques!"

Easter Eggs

Rosa's class teacher has hidden a lot of eggs outside for the second grade. Whoever finds the most eggs gets a special Easter surprise, Mr. Delon said.

Rosa is excited. She is searching for the eggs with her friends Antoni, Pierre and Luisa. But unfortunately, they haven't found more than two so far.

"We don't win like that!" Rosa is getting annoyed and points to the other classmates. Some already have four or more eggs in their baskets.

"It doesn't matter," says Pierre good-naturedly. "Eggs actually have nothing in common with Easter."

"I know. But I still want to win."

Rosa keeps her eyes on the floor, considering Pierre's words. He's right. At Easter they celebrate the resurrection of Jesus Christ, who died for their sins. Suddenly Rosa has an idea.

She says: "At Easter, one should not look down to the ground, but up to the sky."

Pierre starts talking about Easter traditions, but Rosa doesn't listen. "That's it", she says. "The eggs might be hidden all up there in the tree!"

She looks up and actually sees something colorful flashing on the branches just a few meters above the ground.

A minute later she's already climbed up to the branch with a basket in her hand. She finds five colorful eggs! So she definitely has won the search game.

Her classmates look at her in astonishment. Mr. Delon smiles. "Hey all of you!" Rosa shouts. "You should look up instead of looking down. Especially at Easter!"

La Grenouille et le Poisson

The Frog and the Fish

Il était une fois une petite grenouille.

Il voulait attraper un poisson

Il a plongé et a nagé après un poisson, mais malheureusement, la

petite grenouille n'a jamais pu en attraper un.

À un moment donné, la petite grenouille s'est fatiguée et n'a plus

voulu courir après le poisson rapide. Alors la petite grenouille a

choisi un nouveau jeu. Quand il y avait beaucoup de feuilles de

nénuphar flottant sur l'étang, il a eu l'idée de sauter de congé en

congé, il voulait sauter d'une feuille de nénuphar à l'autre.

Mais ce n'était pas si facile pour une petite grenouille sans

expérience. Et il a fallu du courage et de la force.

Ainsi, la petite grenouille a d'abord pratiqué avec ces feuilles

très proches les unes des autres et près du bord de l'étang. Parce

qu'ainsi, il était sûr de pouvoir sauter dessus et de ne pas tomber à l'eau. Alors il sautait joyeusement d'une feuille à l'autre, il sifflotait et s'amusait. Les feuilles étaient toutes proches et c'était facile.

Cependant, cela est vite devenu trop ennuyeux et trop facile pour la petite grenouille, et il a donc choisi une feuille qui nageait assez loin d'une autre feuille. Il voulait vraiment sauter sur cette feuille de lys. Il était très excité et s'est dit : "Oui, je peux faire ça."

La petite grenouille a couru beaucoup et a fait un très grand saut.

Puis il y eut une éclaboussure, et la petite grenouille tomba face contre terre dans l'eau juste avant d'avoir atteint la feuille. La petite grenouille se débattait. Une grande gorgée d'eau descendit dans sa gorge, de sorte qu'il devait tousser fortement et pouvait à peine nager. Aussi vite qu'il le pouvait, il pagayait jusqu'au bord de l'étang.

Sa mère l'y attendait déjà. Elle l'avait regardé d'un œil souriant:
"Viens petit", lui dit-elle amoureusement et le prit dans ses bras
pour le réconforter.

"La prochaine fois, vous devrez être plus prudent et vous
entraîner davantage, alors ça ira."

La petite grenouille écoutait sa mère. Chaque jour, il s'entraînait
à sautiller sur des feuilles de nénuphar. Mais toujours à petits
pas, jusqu'au jour où il a pu sauter sur toutes les feuilles d'un très
grand bond, comme le font les grosses grenouilles. Finalement,
la petite grenouille a même rattrapé un poisson.

The Frog and the Fish

Once upon a time there was a little frog.

He wanted to catch a fish He dived, and swam after a fish, but unfortunately, the little frog could never catch one.

At some point the little frog got tired and didn't want to chase after the fast fish anymore. So the little frog chose a new game. When there were lots of water lily leaf floating on the pond, he got the idea of hopping from leave to leave, he wanted to jump from one lily leaf to the other.

But that was not so easy for a little frog with no experience. And it took courage and strength.

So the little frog first practiced with those leaves lying very close together and near to the pond's edge. Because that way he was sure that he could jump on one and not fall into the water. So he jumped happily from one leaf to the next, he whistled and had fun. The leaves were all close and it was easy.

However, this soon became too boring and too easy for the little frog, and so he chose a leaf that was swimming quite a distance from another leaf. He really wanted to jump onto this lily leaf. He was very excited and said to himself: "Yes, I can do that."

The little frog took a lot of running and made a really big jump.

Then there was a splash, and the little frog fell face down into the water just before he had reached the leaf. The little frog was struggling. A large gulp of water went down his throat, so that he had to cough heavily and could hardly swim. As fast as he could he paddled to the edge of the pond.

His mother was already waiting for him there. She had watched him with a smiling eye: "Come on little one," she said to him lovingly and took him in her arms to comfort him.

"Next time you must be more careful, and you have to practice more, then it will work out."

The little frog listened to his mother. Every day he practiced hopping on water lily leafs. But always in small steps, until one day he could jump on all the leaves with a very big leap, just like the big frogs do. Eventually the little frog even caught up with a fish.

Où est notre chat?

Where is our Cat?

Un matin nous avons trouvé un oiseau mort devant notre porte.

Il semblait que quelqu'un l'avait posée là.

J'ai dit à ma mère: « Je pense que notre chat Mika a fait ça. »

Ma mère m'a répondu: « C'est la nature, nous ne devons pas

intervenir. »

Je n'étais pas d'accord « C'est dangereux. »

« Pourquoi ? »

« L'oiseau mort est porteur de bactéries. Mika va amener ces

bactéries dans notre maison.

« Tu as raison » m'a dit ma mère, inquiète.

Ma mère devait prendre une décision. Elle emmena le chat dans

la maison. Je n'ai plus jamais revu Mika après ça.

Where Is Our Cat?

One morning we found a dead bird lying in front of our door. It looked like someone placed it there.

I told my mother: "I think our cat Mika did this."

My mother answered: "That's nature, we must not interfere."

I disagreed. "That's dangerous."

"Why?"

"The dead bird carries bacteria. Mika will bring the bacteria into our house."

"You are right", said my mother concerned.

My mother had to make a decision. She took the cat into the house.

After that I never saw Mika again.

L'école Commence Bientôt

School Starts Soon

"Si vous pratiquez vraiment bien quelque chose, alors ça marche!"

Grand-père disait toujours ça quand quelque chose ne marchait pas tout de suite. Et il avait raison à ce sujet. L'enfant avait déjà beaucoup appris. Pas tout de suite, mais après un entraînement intensif. Comme marcher à reculons, nager, faire du vélo, pêcher et jouer de la guitare, toutes des choses très importantes qui nécessitaient beaucoup de pratique.

"C'est en forgeant qu'on devient forgeron!" disait souvent le grand-père quand l'enfant venait lui rendre visite.

Mais bientôt, il y aurait beaucoup de nouvelles choses à apprendre, car après les vacances d'été, l'enfant irait à l'école pour la première fois.

L'enfant était un peu inquiet. Qui sont les professeurs? Et y

avait-il quelqu'un qui en savait plus que grand-père? L'enfant ne

pouvait pas vraiment y croire. Personne au monde n'était plus

intelligent que lui. Vous pourriez tout apprendre de lui.

Et parce que c'était un fait, l'enfant avait en fait peu envie d'aller

à l'école. Il avait aussi peur du premier jour d'école et de tous les

inconnus que l'enfant y rencontrerait. Il aimerait rester avec son

grand-père dans le village pour toujours et apprendre tout ce

qu'il lui a appris. Avec lui, il n'avait pas besoin d'avoir peur.

"Je veux seulement apprendre de toi!" dit l'enfant au grand-père.

"Tu es le meilleur professeur. Je n'ai pas besoin des autres."

Grand-père n'a pas répondu tout de suite. Il regarda longuement

l'enfant.

"Alors tu as peur aussi," dit-il finalement.

Pourquoi, grand-père avait-il aussi peur? Non, un grand-père

n'avait peur de rien ni de personne.

"Tu n'as jamais peur », dit l'enfant. "Et tu n'as pas non plus

besoin d'aller à l'école."

"Parce que je l'ai appris", répondit le grand-père.

"Quoi?"

"Le truc avec l'école et la peur."

"Puis-je apprendre à ne pas avoir peur? L'enfant était émerveillé.

"Puis-je vraiment faire ça?"

Le grand-père hocha la tête. "Vous pouvez apprendre tout ce que

vous voulez apprendre. Et nous allons pratiquer cela avec la

peur."

Et c'est ce qu'ils ont fait jusqu'à la fin des vacances. Ils se sont

exercés à ne pas avoir peur et à attendre avec impatience l'école,

les professeurs et les nombreux nouveaux camarades de classe.

School Starts Soon

"If you practice something really well, then it works!"

Grandfather always said that when something didn't work out

right away. And he was right about that. The child had already

been able to learn a lot. Not right away, but after hard practice.

Like walking backwards, swimming, riding a bike, fishing, and

playing the guitar, all very important things that required a lot

of practice.

"Practice makes perfect!" the grandfather often said when the

child came to visit him.

But soon there would be many new things to learn, because after

the summer holidays the child would go to school for the first

time.

The child was a little worried. Who are the teachers? And was

there anyone who knew more than grandfather? The child could not really believe it. No one in the world was smarter than him.

You could learn anything from him.

And because this was a fact, the child actually had little desire

to go to school. It was also afraid of the first day in school and

all the strangers the child would meet there. He would like to

stay with his grandfather in the village forever and learn

everything he taught him. With him, he didn't need to be afraid.

"I only want to learn from you!" said the child to the

grandfather. "You are the best teacher. I don't need the others."

Grandfather didn't answer right away. He looked at the child for

a long time.

"So you're scared too," he finally said.

Why, was Grandfather also scared? No, a grandfather wasn't

afraid of nothing and nobody.

"You're never afraid," said the child. "And you don't have to go

to school either."

"Because I learned it," answered the grandfather.

"What?"

"The thing about school and the fear."

"Can I learn not to be afraid?" The child was amazed. "Can I really do that?"

The grandfather nodded. "You can learn anything you want to learn. And we will practice that with the fear."

And that's what they did until the end of the holidays. They practiced not being afraid and looking forward to school and the teachers and the many new classmates.

Le Monstre du Sous-Sol

The Monster in the Basement

"Pascal, veux-tu aller au sous-sol et apporter des pommes de terre", demanda la grand-mère." Je vais en faire ton plat préféré, les frites!" elle a promis.

Pascal n'aimait pas la cave de grand-mère. Cette petite fenêtre éclairait à peine la pièce, même quand le soleil brillait dehors. Il a trouvé ça très flippant. Il prit le panier, descendit les escaliers et s'arrêta juste devant la porte.

Alors qu'il l'ouvrait avec précaution, cette porte grinça plus fort et plus étrangement que jamais. Avant de faire un pas dans la pièce sombre, il plongea sa main dedans et chercha l'interrupteur sur le mur à droite. La lumière s'est allumée, n'éclairant que le centre de la pièce, mais tous les coins du grand sous-sol sont restés cachés dans l'obscurité. Il traversa rapidement et attrapa les pommes de terre entreposées.

Soudain, la porte claqua derrière lui. Il sursauta et retint son souffle.

Il entendit un bruit, il venait du coin le plus sombre derrière lui.

Il se retourna prudemment. Des paires d'yeux lumineux le regardèrent et se dirigèrent lentement vers lui.

Il laissa tout tomber, courut à la porte, l'ouvrit d'un coup sec, la referma rapidement derrière lui et monta les escaliers en criant:

"Mamie!" cria-t-il à bout de souffle, son cœur battant dans sa gorge.

"En bas... Au sous-sol... Un monstre !"

Grand-mère est descendue, Pascal l'a suivie à bonne distance.

Elle a ouvert la porte.

"Pascal, viens à moi, j'ai découvert ton monstre !", rit-elle de tout son cœur.

Un animal, noir comme la nuit, effleura les jambes de grand-mère.

C'était Marle le chat.

Et la porte qui a claqué derrière Pascal a été causée par un

courant d'air, ce qui arrive parfois lorsque plusieurs fenêtres sont

ouvertes et que le vent souffle de l'extérieur.

The Monster in the Basement

"Pascal, will you go into the basement and bring up potatoes?"

asked the grandmother. "I'll make it your favorite dish, French

Fries!" she promised.

Pascal didn't like grandma's cellar. That little window there

barely lit up the room, even when the sun was shining outside.

He found it very creepy. He took the basket, went down the

stairs and stopped just outside the door.

As he cautiously opened it, that door squeaked louder and more

eerily than ever. Before taking a step into the dark room, he

dipped his hand in and felt for the light switch on the wall to the

right. The light went on, illuminating only the center of the

room, but all corners of the great basement remained hidden in

darkness. He quickly walked through and grabbed the stored

potatoes.

Suddenly the door slammed behind him. He started and held his breath.

He heard a noise, it came from the darkest corner behind him.

He turned around carefully. Luminous pairs of eyes looked at him and slowly moved towards him.

He dropped everything, ran to the door, yanked it open, quickly shut it behind him and ran up the stairs screaming:

"Granny!" he called out breathlessly, his heart pounding in his throat.

"Downstairs... In the basement... A monster!"

Grandma went down, Pascal followed her from a safe distance. She opened the door.

"Pascal, come to me, I discovered your monster!", she laughed with all her heart.

An animal, black as night, brushed against Grandma's legs.

It was Marle the cat.

And, the door that slammed behind Pascal was caused by a draft, which sometimes happens when multiple windows are open and the wind blows in from outside.

L'enfant D'anniversaire
The Birthday Child

Le soleil brillait et le temps était vraiment magnifique. Il ne pouvait pas y avoir de meilleur jour pour une petite fête d'anniversaire. Mais le petit garçon dont c'est l'anniversaire dort toujours paisiblement dans son lit.

Le soleil louchait à travers le rideau tiré. Ça chatouillait le nez du petit Paul et il a dû éternuer. Cinq minutes plus tard, Paul était assis dans son lit. Il savait très bien qu'aujourd'hui était un jour spécial. Tout excité, il jeta la couverture de côté et courut à la cuisine, où sa mère l'attendait déjà. Mais que se passait-il ici ? Où étaient tous les beaux cadeaux? Il n'y avait même pas de gâteau sur la table. La mère de Paul l'avait-elle vraiment oublié ? Le petit Paul ne comprenait pas cela, sa mère ne l'avait jamais oublié. Chaque matin, il avait un gros gâteau d'anniversaire sur la table et ses cadeaux à côté. Il était un peu triste, mais s'assit à la table de la cuisine sans dire un mot. Peut-être qu'il avait tort et qu'aujourd'hui n'était même pas le 4 juillet.

Quand sa mère ne s'est toujours pas retournée vers lui après encore 10 minutes et l'a au moins félicité, Paul s'est levé et a tiré sur la manche de sa mère. Elle fut surprise et se retourna brusquement. Son autre manche s'est prise dans la machine à pain et sa chemise s'est déchirée en deux. La mère de Paul était bouleversée, mais ce n'était pas son intention. Il voulait juste être remarqué.

Déçu, Paul est allé à l'école sans petit déjeuner et sans cadeaux. Il est arrivé à l'école plein d'espoir. Peut-être qu'au moins ses amis n'avaient pas oublié son anniversaire. Mais ses espoirs étaient vains. Personne ne s'est approché de lui et ne l'a félicité. Paul commençait à douter de lui-même. Après une terrible journée à l'école, Paul est rentré chez lui. Il n'avait pas non plus envie de fêter son anniversaire, et tout le monde l'avait oublié.

Lorsqu'il a ouvert la porte d'entrée et qu'il a voulu entrer, tout à coup, beaucoup de gens ont crié "surprise". Paul ne savait même pas ce qui lui était arrivé jusqu'à ce qu'il voie le désordre. Sa mère et ses amis ne l'avaient donc pas oublié après tout, et il n'avait pas tort non plus. Alors aujourd'hui c'était bien son anniversaire. Ils n'avaient pas le droit de dire quoi que ce soit parce que sa mère avait organisé une fête surprise. Maintenant, il comprenait tout.

C'était une grande fête et il a reçu de nombreux cadeaux. Il a également soufflé les bougies de son beau gâteau d'anniversaire et a souhaité ne plus jamais avoir à vivre une telle chose. Finalement, sa mère lui a même organisé un clown d'anniversaire. Paul était aux anges, profitant de l'après-midi avec ses amis et sa famille. Et quand tout le monde fut parti, il demanda à sa mère pourquoi elle lui avait tout caché. Sa mère a ri et a répondu qu'elle voulait juste lui faire une surprise et qu'elle a finalement réussi. Satisfait et le sourire aux lèvres, Paul

se dirigea vers son lit et s'endormit rapidement.

The Birthday Child

The sun was shining and the weather was really lovely. There

couldn't be a better day for a small birthday party. But the little

birthday boy is still sleeping peacefully in his bed.

The sun squinted through the drawn curtain. It tickled little

Paul's nose and he had to sneeze. Just five minutes later, Paul

was sitting up in his bed. He knew very well that today was a

special day. Excitedly he threw the blanket aside and ran down

to the kitchen, where his mother was already waiting for him.

But what was going on here? Where were all the nice presents?

There wasn't even a cake on the table. Had Paul's mother really

forgotten him? Little Paul didn't understand that, his mother had

never forgotten him. Every morning he had a big birthday cake

on the table and his presents next to it. He was a little sad, but

sat down at the kitchen table without saying a word. Maybe he

was wrong and today wasn't even the 4th of July.

When his mother still didn't turn around to him after another 10 minutes and at least congratulated him, Paul got up and tugged at his mother's sleeve. She was startled and turned around abruptly. Her other sleeve got caught in the bread machine and her shirt tore in two. Paul's mother was upset, but that wasn't his intention. He just wanted to be noticed.

Disappointed, Paul went to school with no breakfast and no gifts. He arrived at school full of hope. Maybe at least his friends hadn't forgotten his birthday. But his hopes were in vain. Nobody came up to him and congratulated him. Paul was beginning to doubt himself. After a terrible day at school Paul went home again. He also didn't feel like celebrating his birthday anymore, and everyone had forgotten about it.

When he opened the front door and wanted to enter, suddenly a lot of people yelled "surprise". Paul didn't even know what happened to him until he saw the mess. So his mother and friends hadn't forgotten him after all, and he wasn't wrong

either. So today was indeed his birthday. They weren't allowed

to say anything because his mother had thrown a surprise party.

Now he understood everything.

It was a great party, and he received many presents. He also

blew out the candles on his beautiful birthday cake and wished

he never had to go through anything like that again. In the end,

his mother even organized a birthday clown for him. Paul was

over the moon, just enjoying the afternoon with his friends and

family. And when everyone had left, he asked his mother why

she had kept everything a secret from him. His mother laughed

and replied that she just wanted to give him a surprise and that

it finally succeeded. Satisfied and with a smile on his face, Paul

went to his bed and promptly fell asleep.

Circulation et Enfants

Traffic and Kids

Notre fils a déjà six ans. Il est temps qu'il apprenne les règles de circulation puisqu'il adore faire du vélo dans le quartier. Nous lui disons que s'il veut traverser la rue il doit regarder à droite en premier. Il doit ensuite vérifier son côté gauche et il est seulement autorisé à traverser s'il n'y a pas de voiture. Il doit surtout être prudent quand il voit un panneau stop ou un feu de circulation. S'il voit que le feu pour les piétons est rouge, il doit s'arrêter et attendre que le feu passe au vert. Certaines zones ont même des pistes cyclables, ce qui est relativement nouveau pour nous mais, même avec ces pistes, les enfants doivent faire attention à les utiliser et à ne jamais aller trop vite   .

Traffic and Kids

Our son is already six years old. It's time that he learns some of the traffic rules since he loves riding his bicycle through the neighborhood. We tell him, if he crosses a street he must look to his right side first. Then he must check his left side, and only when no cars are coming is he allowed to cross the street. Especially when he sees a stop sign or a traffic light he must be very careful. If he sees a red light for pedestrians, he must stop and wait until it turns green. Some areas even have a few bicycle lanes which is kind of new to us, but even with those lanes, kids must be careful to use them and never speed!

Le Cirque

The Circus

Aujourd'hui je suis allée au cirque avec ma mère. Le spectacle commençait à 6 heures mais nous sommes arrivées en avance car nous savions qu'il y allait y avoir une longue queue pour acheter les tickets. Ma mère demande pourquoi les tickets étaient aussi chers. Le vendeur explique qu'ils ont de gros animaux tels que des tigres, etc. et qu'ils mangent une énorme quantité de viande chaque jour.

Enfin, le spectacle commence. D'abord nous voyons un clown qui fait des blagues en agitant ses mains. Puis ils installent une cage énorme et les animaux arrivent. Nous voyons un éléphant qui lève la patte, un singe habillé comme une écolière puis nous voyons les gros chats arrivés dans la cage. Un tigre doit sauter à travers un cercle en feu

et un lion doit sauter d'un tabouret à l'autre. Je demande à

ma mère si ces animaux font la même chose dans la nature.

Elle me répond qu'elle ne sait pas.

The Circus

Today I went with my mother to the circus. The show

started at six, but we arrived early because we knew there

would be a long line at the ticket box. My mother asked

why the tickets are so expensive. The salesperson explained

that they have big animals such as tigers, etc. and they

need to eat enormous amounts of meat every day. Finally,

the show starts.

First we see a clown who makes jokes by gesturing with his

hands. Then a huge cage is set up and the animals arrive.

We see an elephant that raises a leg, a monkey that is

dressed in a girly school costume, and then we see the big

cats led into the cage. A tiger has to jump through a

burning ring, and a lion has to jump from stool to stool. I ask my mother if the animals are also doing such things in

nature. My mother responds that she doesn't know.

Part 2

French Short Stories for Kids
Age 8 – 11

Le Lac Pollué

Marie et Luke sont allés faire un tour au lac avec leurs parents, mais quand ils sont arrivés, ils ont eu très peur car tout le lac était plein de détritus. Des sacs en plastique flottaient partout et l'eau était de couleur brune. De plus, l'eau sentait mauvais.

La mère a dit: "Alors ce ne sera pas la baignade aujourd'hui. Nous allons quand même faire un pique-nique."

Après le repas, les enfants ont joué sur la berge. Ils ont constaté qu'il y avait une quantité particulièrement importante de déchets d'un côté du lac. Curieux, Marie et Luke ont fait le tour du plan d'eau et ont trouvé un petit ruisseau de l'autre côté qui se déversait dans le lac. L'eau de la crique avait l'air encore pire que celle du lac, avec des sacs, des emballages et d'autres déchets flottant partout dans l'eau.

"D'où vient tout ce bazar", demanda Luc.

"Nous pourrions suivre le ruisseau et voir si nous pouvons trouver un indice", a suggéré Marie.

Ils longèrent le ruisseau. Plus ils avançaient, plus le tapis d'ordures sur l'eau devenait épais. La quantité de déchets a presque fait pleurer Luke. Il a dit: "On ne peut pas laisser les ordures dans l'eau!"

Marie a objecté, "C'est beaucoup trop pour tout pêcher!"

"Nous devons encore essayer", contredit Luke avec indignation. Il a trouvé un long bâton et a commencé à pêcher des sacs en plastique et d'autres débris hors de l'eau. Au bout d'un moment, Marie a également ramassé un bâton par terre et l'a aidé.

Cependant, Luke s'est vite rendu compte que leur travail acharné faisait peu de différence.

Voyant sa déception, Marie dit: "Allons, allons un peu plus loin. Si nous pouvons comprendre comment les ordures pénètrent dans le ruisseau, peut-être que nous pouvons faire une plus

grande différence."

Les enfants ont continué. Un grand bâtiment gris apparut

soudain derrière un bouquet d'arbres, avec un gros tuyau sortant

du mur.

Luke l'a pointé du doigt et a chuchoté à Marie: "Regarde, c'est là

que tout le bric-à-brac sort!"

Marie hocha la tête. Les deux enfants firent le tour du bâtiment

et trouvèrent une porte. À l'intérieur, ils trouvèrent une immense

salle avec des tapis roulants. Des petits diables se tenaient sur

chaque tapis roulant et déchiraient les ordures qui étaient

transportées à l'extérieur dans la rivière.

"Vous devez arrêter ça immédiatement!" Marie commanda à

haute voix.

Les démons ont été surpris quand ils ont vu les enfants, mais ils ont continué à jeter les ordures sur les tapis roulants.

Heureusement, Luke a eu une idée.

"Les diables n'aiment pas les jolies choses", a-t-il dit. "Chantons une belle chanson sur le soleil et les fleurs."

Dès qu'ils ont commencé à chanter, les petits diables ont mis leurs mains sur leurs oreilles et se sont lamentés : « Arrêtez ! Arrêt!"

"Nous n'arrêterons pas tant que vous n'arrêterez pas de polluer l'eau", a déclaré Marie.

"D'accord, d'accord," murmurèrent les petits diables.

"Et tu dois aussi ramasser les ordures du ruisseau et du lac à nouveau," demanda Luke.

"Jamais!" criaient les diables. Mais après que Marie et Luke aient chanté une autre belle chanson pendant quelques minutes, les petits diables ont cédé et ont promis de tout nettoyer.

Satisfaits, les enfants sont retournés chez leurs parents - et lorsqu'ils sont revenus au lac une semaine plus tard, il était en fait propre.

"Maintenant, nous devons nous assurer que l'eau reste ainsi", se sont-ils dit. "Parce que si nous y jetons nous-mêmes des ordures, c'est aussi mauvais que si les diables le faisaient."

The Polluted Lake

Marie and Luke went on a trip to the lake with their parents, but when they got there, they were very scared because the whole lake was full of rubbish. Plastic bags were floating everywhere and the water was brown in color. In addition, the water smelled unpleasant.

The mother said: "Then it won't be swimming today. We're going to have a picnic though."

After the meal the children played on the bank. They found that there was a particularly large amount of garbage on one side of the lake. Curious, Marie and Luke circled the body of water and found a small stream on the other side that emptied into the lake. The water in the creek looked even worse than that in the lake, with bags, packaging and other rubbish floating in the water everywhere.

"Where does all this junk come from?" Luke asked.

"We could follow the creek and see if we can find a clue," Marie suggested.

They walked along the creek. The further they went, the thicker the carpet of garbage on the water became. The amount of garbage almost made Luke cry. He said: "We can't just leave the rubbish in the water!"

Marie objected, "It's way too much to fish it all out!"

"We still have to try!" Luke contradicted indignantly. He found a long stick and began fishing plastic bags and other debris out of the water. After a while, Marie also picked up a stick from the ground and helped him. However, Luke soon realized that their hard work made little difference.

Seeing his disappointment, Marie said: "Come on, let's go a little further. If we can figure out how the garbage gets into the creek, maybe we can make a bigger difference."

The children went on. A large gray building suddenly appeared

behind a clump of trees, with a thick pipe sticking out of the

wall.

Luke pointed to it and whispered to Marie, "Look, that's where

all the junk is coming out!"

Marie nodded. The two children sorted around the building and

found a door. Inside they found a huge hall with conveyor belts.

Little devils stood on each conveyor belt and tore up garbage

that was transported outside into the river.

"You have to stop this immediately!" Marie commanded loudly.

The devils were startled when they saw the children, but they

kept throwing the trash onto the conveyor belts. Thankfully,

Luke had an idea.

"Devils don't like pretty things," he said. "Let's sing a beautiful

song about the sunshine and the flowers."

As soon as they started singing, the little devils clapped their

hands over their ears and wailed: "Stop it! Stop!"

"We won't stop until you stop polluting the water," Marie said.

"Okay, okay," the little devils murmured.

"And you also have to collect the garbage from the creek and

the lake again," Luke demanded.

"Never!" cried the devils. But after Marie and Luke sang

another beautiful song for a few minutes, the little devils gave in

and promised to clean everything up. Satisfied, the children

returned to their parents - and when they came back to the lake

a week later, it was actually clean.

"Now we have to make sure the water stays that way," they told

themselves. "Because if we throw garbage in it ourselves, it's

just as bad as if the devils do it."

Intoxication Alimentaire

Food Poisoning

Mon frère Marc ne **se sent vraiment pas bien**, il est au lit depuis hier. Il a la nausée, mal à **la tête**, il tousse et il a la diarrhée. Il se sent aussi épuisé et fatigué. Mon père conduit mon **frère** chez le médecin. Il explique les symptômes au médecin et **le médecin** examine Marc.

Le médecin en déduit que Marc a une intoxication alimentaire. C'est **une situation dangereuse** parce que Marc est déjà déshydraté ! Le médecin conseille à Marc de rester au lit et de prendre un médicament **fort deux fois par jour**. Mon frère pense que son intoxication alimentaire vient d'un kebab qu'il avait mangé la veille quand il s'était arrêté en ville.

Food Poisoning

My brother Marc feels terrible; he's been in bed since yesterday. He has nausea, a headache, coughing and diarrhea. He also feels extremely exhausted and tired. My father drives my brother to the doctor. He explains the conditions to the doctor and the doctor examines Marc.

The doctor finds out that Marc has food poisoning. It's a dangerous situation, because Marc is already dehydrated! The doctor also prescribes that Marc stay in bed and take strong medication twice a day. My brother believes his food poisoning comes from a kebab he had eaten the day before when he stopped downtown.

Un Coup de Main

A Helping Hand

Pierre a neuf ans. Du lundi au vendredi, il va à l'école, et vers une heure il prend le bus pour rentrer chez lui. Habituellement, le bus est bondé d'autres enfants. Parfois, les personnes âgées prennent aussi le bus, car beaucoup d'entre elles sont tout simplement trop âgées pour conduire une voiture. Pierre est un jeune homme gentil et compatissant. S'il voit une personne âgée monter dans le bus, il offre sa place, car pour les personnes âgées, il peut être très difficile de se tenir debout dans un bus en mouvement.

A la gare routière, il y a un feu de circulation pour les piétons. Il a un nouveau système où il faut appuyer sur un bouton pour obtenir un feu vert. Beaucoup de personnes âgées ont des problèmes avec cela et Steven n'hésite jamais à aider les personnes âgées à traverser la rue. Pierre a déjà une idée de ce qu'il aimerait faire dans le futur quand il sera adulte ; il pense

que ce serait très bien s'il pouvait devenir gardien.

A Helping Hand

Pierre is nine years old. From Monday to Friday, he goes to school, and around one o' clock he takes the bus home. Usually the bus is crowded with other students. Sometimes the elderly take the bus too, as many of them are just too old to drive a car. Pierre is a kind and compassionate young man. If he sees an elderly person riding on the bus, he offers his seat, because for older people it can be very hard to stand on a moving bus.

At the bus station, there is a traffic light for pedestrians. It has a new system where one has to push a button to get a green light. Many elderly have trouble with this and Pierre never hesitates to help old people to cross the street. Pierre already has an idea on what he wants to do in the future; he thinks it would be a very rewarding work if he could become a professional caretaker.

Contrôle des Billets

Ticket Control

Je me souviens quand j'étais enfant, j'ai passé du temps en France; J'ai même été à l'école là-bas. Dans ce pays, les trains font partie des transports quotidiens. Nous étions un groupe de quatre enfants et c'était l'hiver avec beaucoup de neige. Laura était l'un des plus petits enfants, à cette époque, elle n'avait que neuf ans. Nous avons fait un voyage en train de Lyon à une ville plus petite. C'était un train agréable et moderne, et nous avions même notre propre compartiment. Nous avons entendu quelqu'un frapper à la porte. C'était le contrôleur des billets, un homme en uniforme juste pour voir si nous avions acheté des billets. Un par un, il inspecta les billets, mais Laura fouillait nerveusement son sac ; elle n'a pas trouvé son billet. L'inspecteur lui a demandé une pièce d'identité, puis lui a dit de le suivre. A cette époque, le train s'était arrêté dans une petite ville. Nous avons attendu le retour de Laura mais rien ne s'est passé. Soudain, le train a bougé et par la fenêtre, nous avons pu voir Laura debout toute seule, effrayée, à la gare. Mais Laura avait l'air différente. Ensuite, nous avons remarqué que Laura se tenait juste là sans sa veste ! Elle l'avait laissé ici, et apparemment l'inspecteur l'avait expulsée du train, la laissant gelée à la gare.

Ticket Control

I remember when I was a kid I spent some time in France; I even went to school there. In this country, trains are part of daily transportation. We were a group of four children and it was winter with a lot of snow. Laura was one of the smaller children, at that time she was only nine years old. We made a trip by train from Lyon to a smaller city. It was a nice and modern train, and we had even our own compartment. We heard somebody knocking on the door. It was the ticket inspector, a man in uniform just to see if we had bought tickets. One by one he inspected the tickets, but Laura was nervously searching her bag; she couldn't find her ticket. The inspector asked for her identification, then told her to follow him. At that time the train had stopped at a little town. We waited for Laura to return but nothing happened. Suddenly the train moved and through the window we could see Laura standing by herself frightened at the train station. But Laura looked different. Then we noticed that Laura was just standing there without her jacket! She had left it here, and apparently the inspector had kicked her off the train, letting her freezing at the train station.

Nager

Swimming

Nous sommes un groupe de garçons et sommes des nageurs

passionnés. La plupart d'entre nous ont dix ans, et seul notre ami

Peter en a huit.

Tous les vendredis après-midi, nous allons à la piscine publique.

D'abord, nous devons aller aux vestiaires. Là, nous changeons

nos vêtements pour un maillot de bain approprié, et après cela,

nous prendrons une douche. Avant et après la baignade, il faut

prendre une douche, obligatoire dans les piscines publiques

françaises. Parfois, prendre une douche prend du temps, car nous

aimons faire des blagues et nous amuser. Une fois dans la

piscine, on saute de la planche et on nage. Nous commençons

par 200 mètres brasse, après cela, nous passons généralement à

vingt minutes de nage libre. Vers la fin, nous jouons juste au ballon d'eau. Au bord de la piscine un maître nageur est toujours

là pour nous observer.

La semaine dernière quand nous avons fini de nager, nous

n'avons pas pris de douche après car un enfant inconnu avait

laissé ses excréments dans la douche.

Swimming

We are a group of boys and are avid swimmers. Most of us are ten years old, and only our friend Peter is eight.

Every Friday afternoon we go to the public swimming pool.

First, we need to go to the locker rooms. There we change our clothing to proper swimwear, and after that we'll take a shower. Before and after swimming one has to take a shower, which is obligatory in public swimming pools. Sometimes taking a shower takes quite some time, because we like to make jokes and are fooling around. Once in the swimming pool, we jump from the plank and swim around. We start with 200 meters breaststroke, after that, we usually go on to twenty minutes of freestyle. Towards the end we just play water ball. At the edge of the pool a lifeguard is always there observing us.

Last week when we were finished swimming, we didn't shower afterwards because an unknown child had left his excrements in the shower.

***

Additional French Short Story for Parents and Educationists

L'ermite

The Hermit

Certains dissent que Michael Gomez est un ermite

mais ce n'est que partiellement vrai. La vérité est qu'il

vit isolé en Andalousie près de la ville de Grenade. Un

ermite a souvent peu de choses matérielles et c'est

aussi vrai pour Michael. Il n'a pas l'électricité mais il

peut quand même cuisiner puisqu'il a un réchaud et

qu'il a connecté un générateur devant sa maison.

Il y a assez d'eau. Derrière sa propriété l'eau coule

pratiquement du toit et longe le mur avant de

disparaitre dans le sol. A part ça, il est bien équipé. Il a un grand lit et des toilettes de camping faits maison.

Une fois par semaine il va à Grenade en vélo où il va

faire ses courses dans un supermarché. Michael a un

rêve. Il veut des toilettes modernes et surtout, une

vraie fenêtre fermée à vue panoramique. Le problème

est que sa propriété a plusieurs autres petites entrée et,

à l'avant de la maison, une grande entrée de plus de

cinq mètres de large. L'entrée est en réalité ouverte la

plupart du temps parce qu'il n'a pas de porte à la

bonne taille et les pans en plastique n'aident pas

lorsqu'il fait froid dehors.

Mais la vue depuis son énorme entrée est fantastique.

Michael vit entouré de montagnes et bois et d'ici il

peut voir une grande vallée et des montagnes à

l'opposé. La vue inspire Michael. Un jour il voudrait

devenir architecte et si ça ne fonctionne pas peut-être

auteur ou artiste.

Un autre problème est qu'aucune porte ou fenêtre ne

correspond à la taille et forme de son énorme entrée.

Des amis lui disent qu'il est impossible d'installer une

fenêtre à vue panoramique car Michael habite dans

une grotte où les ours et les hommes de Néandertal

vivaient.

9 781739 102791